Junghwa Jung Choi
Author

 세상의 모든 소중한 아이들을 향한 나의 사랑,희망,비전, 책임감이 그들을 위해 온전히 쓰임받기를 바라며…

★ I wholeheartedly aspire to channel the depths of my love, hope, vision, and profound sense of responsibility, directing these sentiments towards the well-being of every precious child in the world.

★ I am filled with immeasurable gratitude for the profound love and guidance bestowed upon me by my revered grandmother, Jungoak Park, my cherished parents, K.B. and Youngja, my loving husband Youngbae, and my dearest daughter, Katherine.

★ I extend my heartfelt thanks to Abigail, Joanna, Gabby, Eliana, Fany, and Julianne for their invaluable support in bringing this book to life. Special thanks to Ashley as well for the exciting English audio.

★ I sincerely thank Jenn, Judy, Anne, Ana, and Chris at Hasmark International Publishing for their dedicated work on my publishing projects, including the audiobook and theme songs. Your support has been truly invaluable.

Using JH & KH's Magical Picture Word Book 1 with English Audio (Sold separately)

- **Repeat after the jingle and chant:** Play the English Audio and have young readers repeat the words and phrases to improve listening and speaking.
- **Read with or without the book:** Use the book for visual support or read aloud without it to build fluency and confidence.

Using Dialogue Book 1 (Sold separately)

- **Interactive & Engaging:** Character dialogues help young readers connect with each situation in *JH & KH's Picture Word Book 1*, making it easier to use words and sentences naturally.
- **Bilingual Fun and Practical Learning:** With engaging speech bubbles and easy-to-repeat phrases in English and Spanish, kids can build confidence and have fun speaking in real life!

Using Guided Quiz Book 1 (Sold separately)

- **Encourage critical thinking:** Use the question guide to help readers think deeply about themes, utilizing the illustrations for interactive learning.
- **Enhance self-expression:** These questions help readers express themselves confidently and enjoyably.

Using Theme Songs for Reinforcement (Sold separately)

Reinforce understanding: Listen to the theme songs to enhance understanding and memory of key concepts in a fun way.

Published by
Hasmark Publishing International
www.hasmarkpublishing.com

Copyright © 2022 Junghwa Jung Choi
First Edition

Library of Congress Cataloging – in – Publication Data

No part of this book may be reproduced or transmitted in any form or by any means, electronic or mechanical, including photocopying, recording or by any information storage and retrieval system, without written permission from the author.

Disclaimer
This book is designed to provide information and motivation to our readers. It is sold with the understanding that the publisher is not engaged to render any type of psychological, legal, or any other kind of professional advice. The content of each article is the sole expression and opinion of its author, and not necessarily that of the publisher. No warranties or guarantees are expressed or implied by the publisher's choice to include any of the content in this volume. Neither the publisher nor the individual author(s) shall be liable for any physical, psychological, emotional, financial, or commercial damages, including, but not limited to, special, incidental, consequential or other damages. Our views and rights are the same: You are responsible for your own choices, actions, and results.

Permission requests should be addressed in writing to both Junghwa Jung Choi at info@hasmarkpublishing.com and to the Permission Department: 3655 Torrance Blvd. Suite 300 , Torrance, CA 90503 U.S.A.

Project Director & Author:
Junghwa Jung Choi

Illustrator:
Abigail Tan

Managing Editors:
Joanna Choi, Fany Abrego

Editorial Assistants:
Eliana Choi, Katherine H. Jung

Translator:
Gabriela Figueroa

English Audio Narrator:
Ashley Mills Monaghan

Art Director:
Julianne Kim

Interior Layout:
Anne Karklins

ISBN 13: 978-1-77482-312-5
ISBN 10: 1-77482-312-8

JH & KH's MAGICAL
PICTURE
WORD BOOK 1

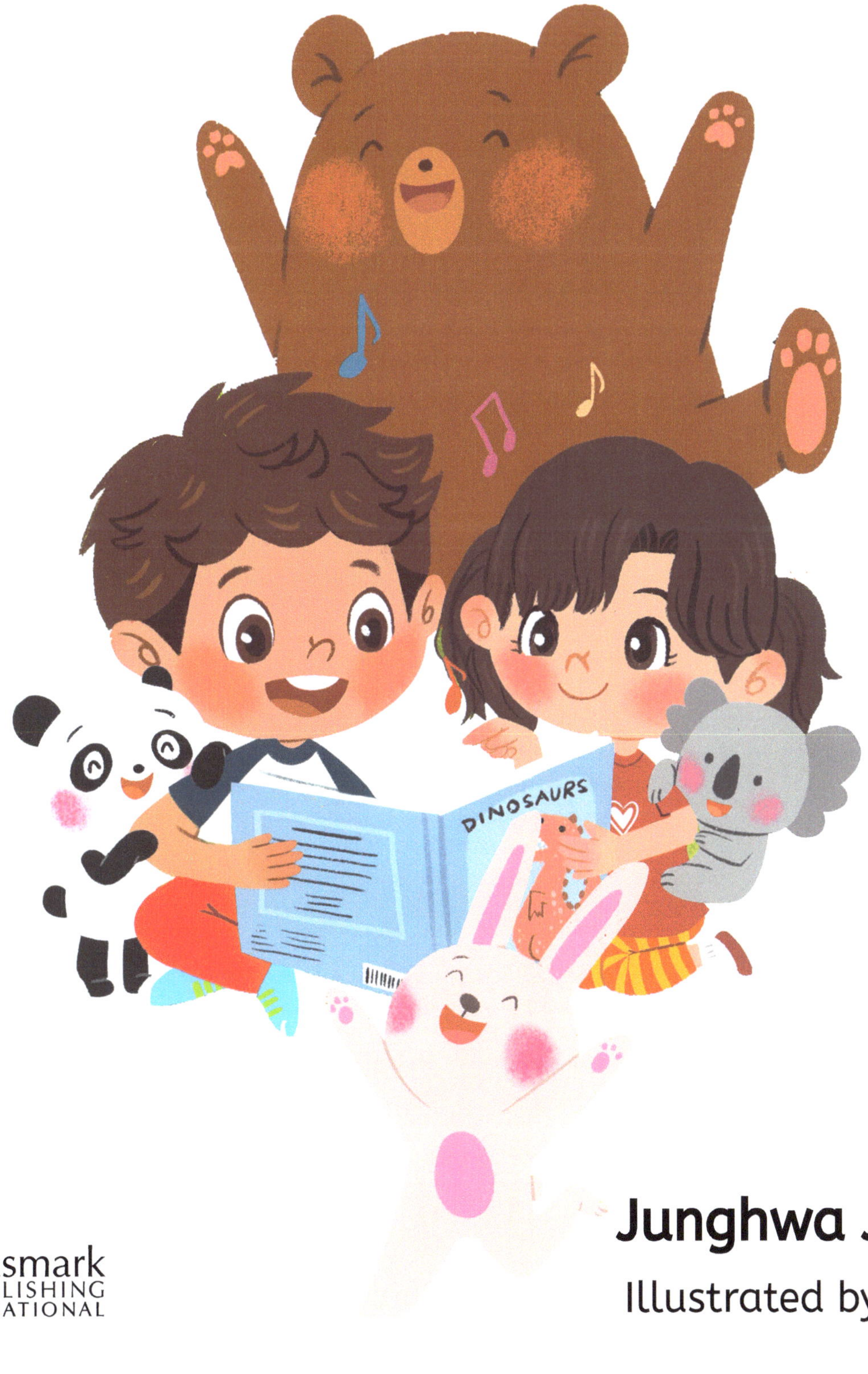

Written by
Junghwa Jung Choi

Illustrated by Abigail Tan

Book Introduction

As someone who learned English as a second language and later worked as an ESL teacher, I've always believed that learning should be fun, especially for young children. My experiences as a Bilingual Instruction Coordinator, bilingual preschool teacher, and as a mother in a bilingual household have given me unique insights into how children learn best. These experiences inspired me to create this book—a resource designed to teach essential real-life and classroom knowledge in an interactive, multilingual way. Since 2020, my goal has been to make language learning an exciting adventure for children, where they not only learn a new language but also connect with it in a meaningful way.

Key Features Engaging & Interactive Learning for Kids!

- ⭐ **Real-Life Illustrations** Children explore homes and classrooms, fostering curiosity and engagement.
- ⭐ **Interactive Learning** Encourages critical thinking and word recognition through fun visual interactions.
- ⭐ **English Audio** Available on Amazon, Audible, Barnes & Noble, Google Play, iTunes, Spotify, and more.
- ⭐ **Fun Music & Rhythm** Engages children's brains to enhance learning and memory!
    - **Syllables in Rhythm:** Words are presented in rhythm, emphasizing key syllables for easier pronunciation
    - **Full Sentences Read Aloud:** Listen to full sentences, reinforcing language flow.
    - **Catchy Jingles:** Enjoy rhythmic jingles that make language learning fun and memorable.
- ⭐ **Multilingual Experience** Includes key vocabulary, quizzes, dialogues, and catchy songs to keep kids motivated.
- ⭐ **Perfect for All Families** First release in English & Spanish, with more languages on the way! Plus, Quiz & Dialogue Books for home and classroom use.
- ⭐ **Stay Connected!** For updates on new releases and language expansions, visit: **www.thelittlecampusllcbooks.com**

A fun and simple way for kids to learn!

⭐ In *JH & KH's Magical Picture Word Book 1*, we intentionally included the masculine and feminine forms of Spanish adjectives and definite articles (singular/plural) before nouns. In sentences, adjectives change according to the gender of the subject in Spanish.

For example: Adjective

proud – orgullosa (f) / orgulloso (m) (p.5)
Me siento orgullosa cuando cometeto mi trabajo. (I feel proud when I complete my work.)

For example: Nouns P.3-4

Gender	Singular	Plural
Masculine(m)	el (el codo)	los (los codos)
Feminine(f)	la (la mano)	las (las manos)

Introducción al Libro

Como alguien que aprendió inglés como segundo idioma y luego trabajó como profesora de ESL, siempre he creído que el aprendizaje debe ser divertido, especialmente para los niños pequeños. Mis experiencias como Coordinadora de Instrucción Bilingüe, maestra de preescolar bilingüe y como madre en un hogar bilingüe me han dado una perspectiva única sobre cómo aprenden mejor los niños.

Estas experiencias me inspiraron a crear este libro, un recurso diseñado para enseñar conocimientos esenciales de la vida real y del aula de una manera interactiva y multilingüe. Desde 2020, mi objetivo ha sido hacer que el aprendizaje de idiomas sea una aventura emocionante para los niños, donde no solo aprenden un nuevo idioma, sino que también lo conectan de una manera significativa.

Características Clave

¡Aprendizaje Interactivo y Atractivo para Niños!

- ⭐ **Ilustraciones de la Vida Real:** Los niños exploran hogares y aulas, fomentando la curiosidad y el interés.
- ⭐ **Aprendizaje Interactivo:** Fomenta el pensamiento crítico y el reconocimiento de palabras a través de interacciones visuales divertidas.
- ⭐ **Audio en Inglés :** Disponible en Amazon, Audible, Barnes & Noble, Google Play, iTunes, Spotify y más.
- ⭐ **Música y Ritmo Divertido:** ¡Involucra el cerebro de los niños para mejorar el aprendizaje y la memoria!
    - **Sílaba en Ritmo:** Las palabras se presentan en ritmo, destacando las sílabas clave para una pronunciación más fácil.
    - **Frases Completas Leídas en Voz Alta:** Escucha frases completas que refuerzan el flujo del idioma.
    - **Jingles Pegajosos:** Disfruta de jingles rítmicos que hacen que el aprendizaje de idiomas sea divertido y memorable.
- ⭐ **Experiencia Multilingüe:** Incluye vocabulario clave, cuestionarios, diálogos y canciones pegajosas para mantener motivados a los niños.
- ⭐ **Perfecto para Todas las Familias:** Primera versión en inglés y español, ¡con más idiomas por venir! Además, libros de preguntas y diálogos para el hogar y el aula.
- ⭐ **¡Mantente Conectado!** Para actualizaciones sobre nuevos lanzamientos y expansiones de idiomas, visita: **www.thelittlecampusllcbooks.com**

¡Una forma divertida y sencilla para que los niños aprendan!

Table of Contents

My Face & Body	3-4
My Feelings	5-6
My Play Time	7-8
My Daily Life (Action 1)	9-10
My Fun Activities (Action 2)	11-12
My Favorite Sports	13-14
My Happy Family	15-16
My Clothes & Shoes	17-18
Useful Accessories	19-20
My House	21-22
My Bedroom	23-24
In the Kitchen	25-26
Food & Dining Table	27-28
In the Bathroom	29-30
In the Garden	31-32
Useful Tools	33-34
My Family's Chores	35-36
At the Beach	37-38
Camping in Summer!	39-40
Fun Activities in Winter!	41-42

Please be aware that while the page numbers and the Book Introduction may differ slightly between **English Audio Book 1** and *JH & KH's Magical Picture Word Book 1*, the content of each topic remains the same.

Tabla de Contenidos

Mi Cara y Cuerpo	3-4
Mi Sentimientos	5-6
Mi Tiempo de Jugar	7-8
Mi Vida Diaria (Acción 1)	9-10
Mis Actividades Divertidas (Acción 2)	11-12
Mis Deportes Favoritos	13-14
Mi Familia Feliz	15-16
Mi Ropa y Zapatos	17-18
Accesorios Útiles	19-20
Mi Casa	21-22
Mi Dormitorio	23-24
En la Cocina	25-26
Alimento y Mesa de Comedor	27-28
En el Baño	29-30
En el Jardin	31-32
Herramientas Útiles	33-34
El Trabajo de Casa de Mi Familia	35-36
En la Playa	37-38
Camping de Verano!	39-40
Actividades Divertidas en Invierno!	41-42

Tenga en cuenta que, aunque los numeros de pagina y la introducci6n del libro pueden diferir ligeramente entre **English Audio Book 1** y **JH & KH's Magical Picture Word Book 1**, el contenido de cada tema sigue siendo el mismo.

My Face and Body | Mi Cara y Cuerpo

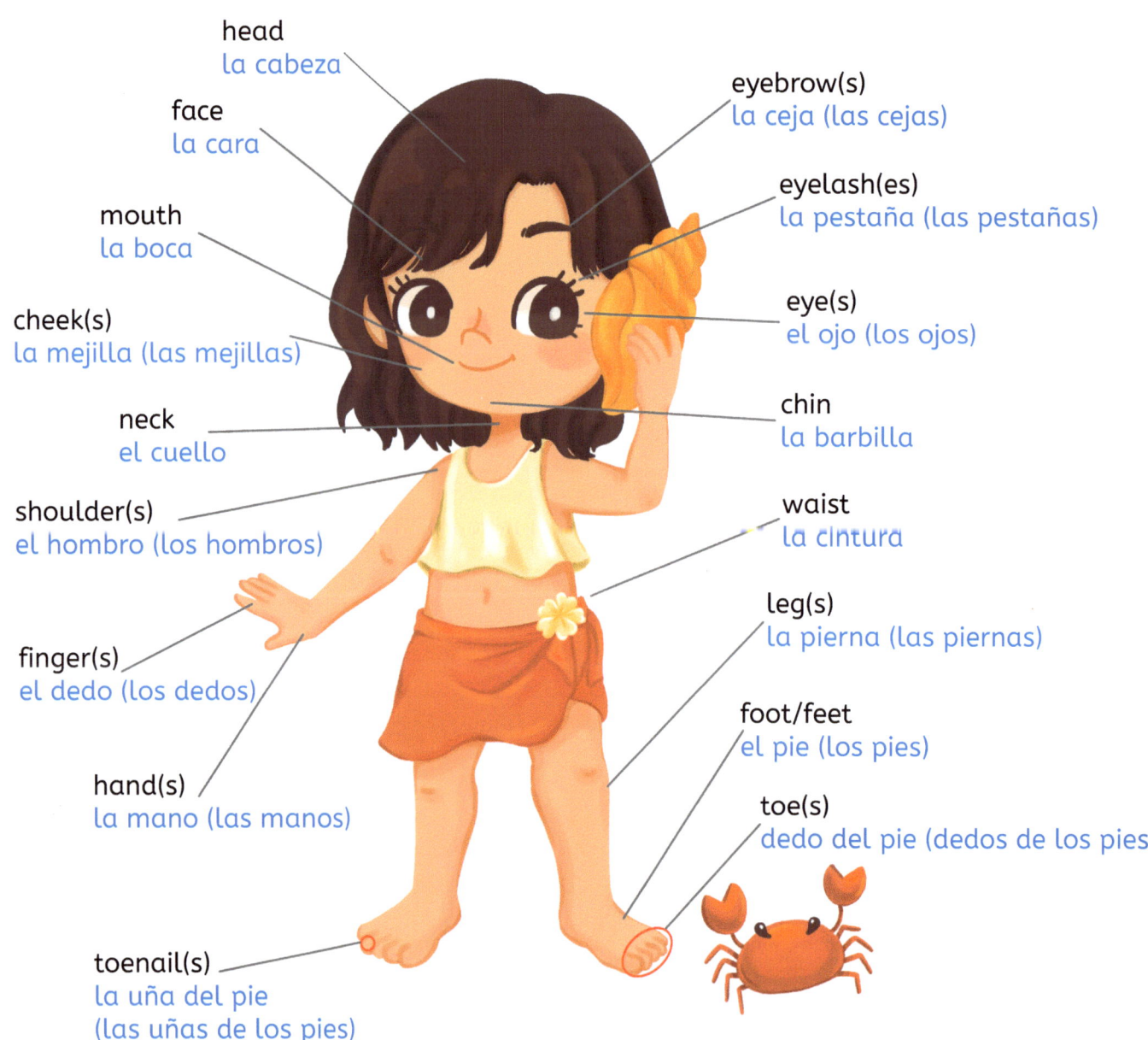

head — la cabeza
face — la cara
mouth — la boca
cheek(s) — la mejilla (las mejillas)
neck — el cuello
shoulder(s) — el hombro (los hombros)
finger(s) — el dedo (los dedos)
hand(s) — la mano (las manos)
toenail(s) — la uña del pie (las uñas de los pies)
eyebrow(s) — la ceja (las cejas)
eyelash(es) — la pestaña (las pestañas)
eye(s) — el ojo (los ojos)
chin — la barbilla
waist — la cintura
leg(s) — la pierna (las piernas)
foot/feet — el pie (los pies)
toe(s) — dedo del pie (dedos de los pies)

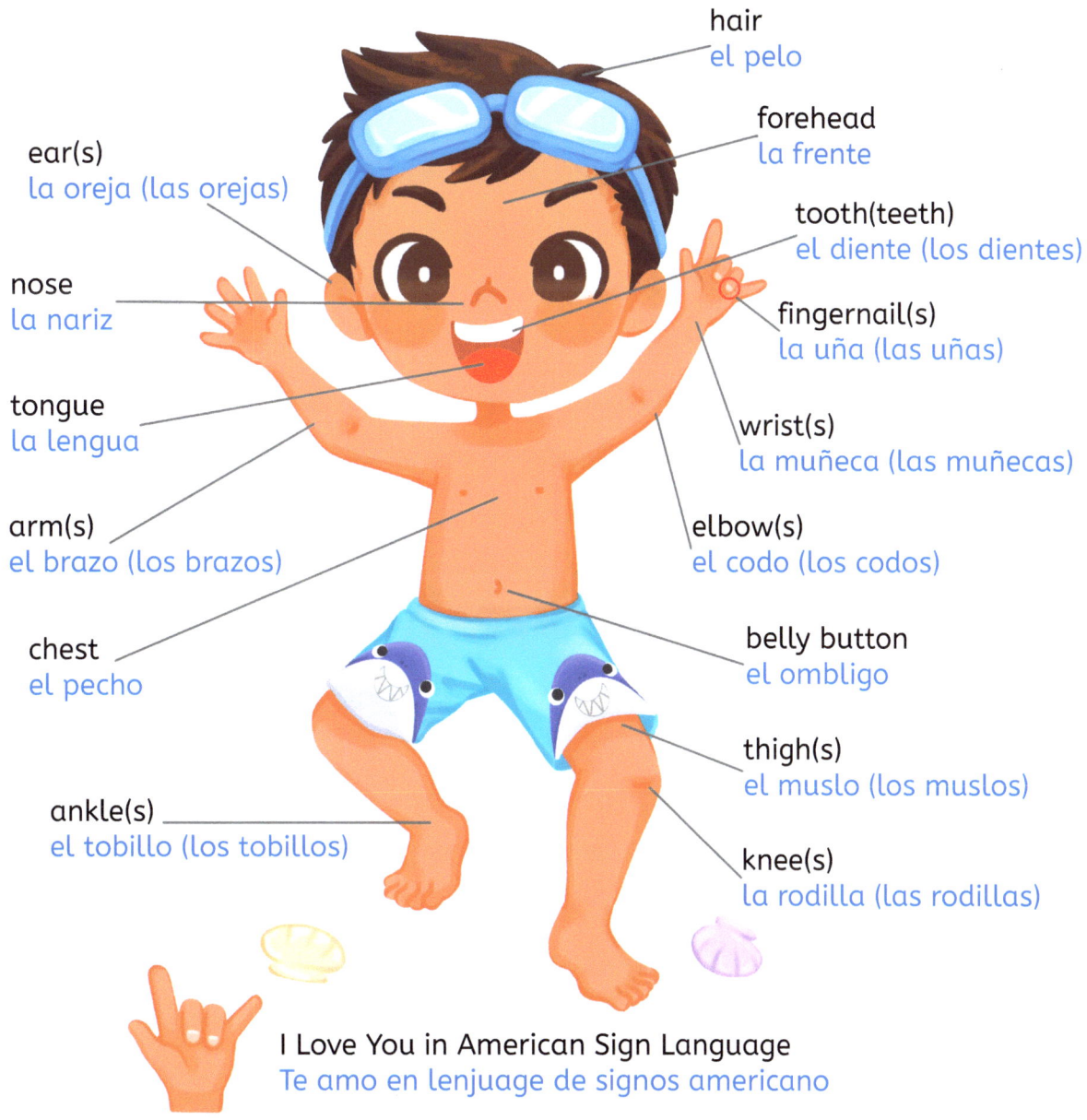

My Feelings | Mi Sentimientos

I'm brave for riding a bike without any training wheels.
Soy valiente por andar en bicicleta sin ruedas de entrenamiento.

brave
valiente

proud
orgullosa (f)
orgulloso (m)

I feel proud when I complete my work.
Me siento orgullosa cuando completo mi trabajo.

worried
preocupada (f)
preocupado (m)

I get worried when my grandfather gets sick.
Yo me siento preocupada cuando mi abuelito se enferma.

shy
tímida (f)
tímido (m)

I get shy around new friends.
Soy timida con nuevos amigos.

bored
aburrida (f)
aburrido (m)

I'm bored when I have nothing to do.
Me siento aburrida cuando no hay nada que hacer.

happy
feliz

I'm happy when I am with my cat.
Estoy feliz cuando estoy con mi gato.

jealous
celosa (f)
celoso (m)

I get jealous of my sibling when my sibling gets a better toy.
Me pongo celosa cuando mi hermano agarra un jugete mejor.

I feel impatient when I have to wait for my turn to play with toys.
Me siento impaciente cuando tengo que esperar mi turno para jugar con los juguetes.

I'm embarrassed when I fall down in front of my friends.
Me siento avergonzado cuando me caigo enfrente de mis amigos.

I'm tired and sleepy because I played soccer in the afternoon.
Me siento cansando porque fui a jugar futbol en la tarde.

I feel lonely when I am left out by my friends.
Me siento solo cuando mis amigos me dejan fuera.

I'm scared when I hear the thunder at night.
Me siento asustado cuando escucho relampajos en la noche.

I feel angry when my dog breaks my toy airplane.
Me siento enojado cuando mi perro quebra mi jugete de avion.

I feel sad when my toy robot is broken.
Me siento triste cuando se quebra mi jugete de robot.

My Play Time | Mi Tiempo de Jugar

I like to play with my teepee tent.
Me gusta jugar con mi tienda teepi.

I like to play with my toy cars.
Me gusta jugar con mis carros de juguete.

I like to play with my puzzles.
Me gusta jugar con mi rompecapeza.

I like to play with my toy kitchen.
Me gusta jugar con mi cocina de juguete.

I like to play with my toy train set.
Me gusta jugar con mi juego de trenes.

I like to play with my dollhouse.
Me gusta jugar con mi casa de muñecas.

I like painting.
Me gusta pintar.

I like to play tea party with my stuffed animals.
Me gusta jugar fiesta de te con mis peluches.

I like to play with my robots.
Me gusta jugar con mi robot.

I like to play board games.
Me gusta jugar con los juegos de mesa.

My Daily Life (Action 1) | Mi Vida Diaria (Acción 1)

I wake up in the morning.
Yo me despierto en la manana.

I wash my face.
Yo me lavo mi cara.

I brush my hair.
Yo me cepillo el pelo.

I brush my teeth.
Yo me lavo los dientes.

I get dressed.
Yo me visto.

I make my bed.
Yo hago mi cama.

I eat lunch in the afternoon.
Almuerzo por la tarde.

I go potty and wash my hands.
Yo voy al baño y me lavo las manos.

I take a shower.
Yo me tomo un baño.

I go to bed at night.
Yo me voy a cama en la noche.

My Fun Activities (Action 2)
Mis Actividades Divertidas (Acción 2)

I like playing with my dog.
Me gusta jugar con mi perro.

I like dancing.
Me gusta bailar.

I like playing dress-up.
Me gusta jugar a disfrazarme.

I like blowing bubbles.
Me gusta hacer burbujas.

I like riding a bike and a scooter.
Me gusta montar mi bicicleta y scooter.

I like baking cookies.
Me gusta cocinar galletas.

I like drawing and coloring pictures.
Me gusta dibujar y colorear fotos.

I like doing science experiments.
Me gusta hacer experimentos cientificos.

I like making lemonade.
Me gusta hacer limonada.

I like reading books.
Me gusta leer libros.

My Favorite Sports | Mis Deportes Favoritos

I like to play tennis.
Me gusta jugar tenis.

I like swimming.
Me gusta nadar.

I like skateboarding.
Me gusta andar en patineta.

I like ice skating.
Me gusta patinar sobre hielo.

I like doing Taekwondo.
Me gusta hacer Taekwondo.

I like to play baseball.
Me gusta jugar béisbol.

I like to play basketball.
Me gusta jugar basquetbol.

I like to play soccer.
Me gusta jugar fútbol.

I like to play volleyball.
Me gusta jugar voleibol.

I like to play dodgeball.
Me gusta jugar dodgeball.

My Happy Family | Mi Familia Feliz

brother
el hermano

baby/baby brother
el bebé/
el hermanito (m)

grandmother
la abuela

mother
la madre

father
el padre

family   la familia

sister
la hermana

grandfather
el abuelo

cousin
la prima

uncle
el tío

siblings
los hermanos (m)/las hermanas (f)

aunt
la tía

My Clothes & Shoes | Mi Ropa y Zapatos

coat
el saco

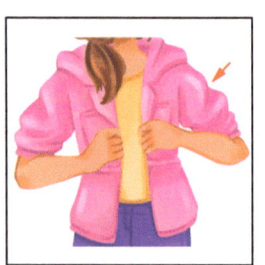

jacket
la chaqueta

vest
el chaleco

high-heels
los tacones altos

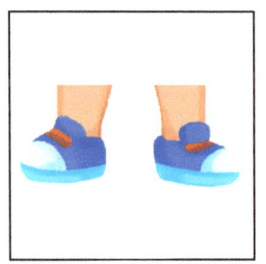

shoes
los zapatos

boots
las botas

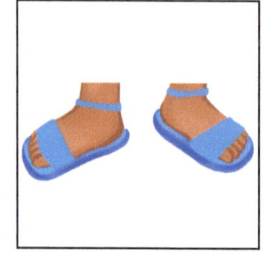

sandals
las sandalias

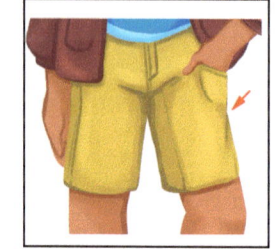

shorts
los Bermudas

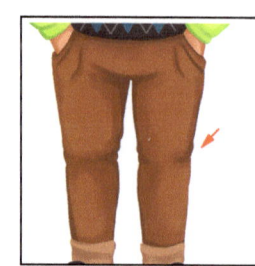

pants
los pantalones

dress
el vestido

cardigan
el cárdigan

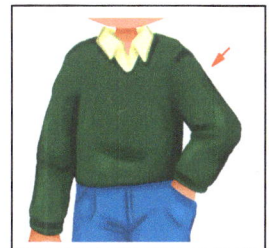
sweater
el suéter

skirt
la falda

jeans
los pantalones vaqueros

blouse
la blusa

T-shirt
la camiseta

rainboots
las botas de lluvia

hoodie
la sudadera con capucha

Useful Accessories | Accesorios Útiles

tights
las medias

socks
los calcetines

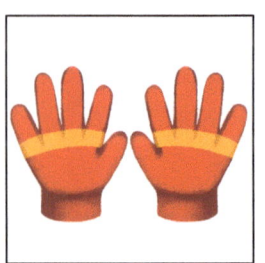
hat
el sombrero

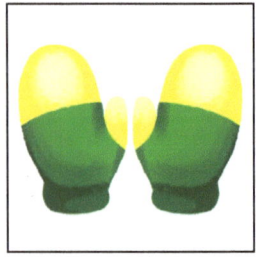
gloves
los guantes

mittens
los mitones

glasses
los lentes

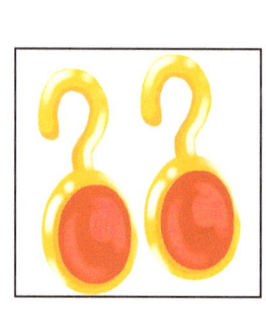
sunglasses
las gafas de sol

earrings
los aretes

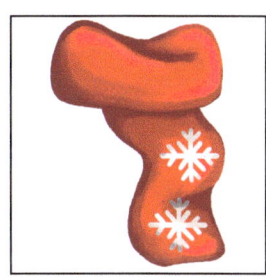
scarf
la bufanda

belt
el cinturón

watch
el reloj

tie
la corbata

bracelet
la pulsera

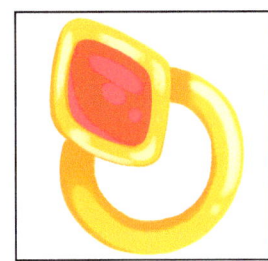
ring
el anillo

necklace
el collar

bowtie
la corbata de moño

My House
Mi Casa

attic | el ático

roof | el techo

chimney
la chimenea

door
la puerta

garage | el garaje

living room | la sala de estar

dining room | el comedor

bedroom | el dormitorio

bathroom | el cuarto de baño

family room | el cuarto familiar

mail box
el buzón

kitchen | la cocina

garden | el jardín

master bedroom
la recamara principal

My Bedroom | Mi Dormitorio

calendar
el calendario

alarm clock
el despertador

bed
la cama

toy box
la caja de juguetes

picture frame
el marco

tablet
la tableta

bean bag chair
el puf

play teepee
la carpa de tipi para jugar

pillow/bedspread
la almohada/ la colcha

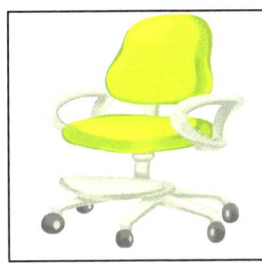

rolling chair
la silla rodante

desk
el escritorio

rug
la alfombra

desk lamp
la lámpara de escritorio

bedside Lamp
la lámpara de noche

mirror
el espejo

vase
el jarrón

drawer
el cajón

bookshelf
el estante para libros

24

In the Kitchen | En La Cocina

refrigerator
el refrigerador

microwave
el microondas

blender
la licuadora

kettle
la tetera

oven
el horno

electric stovetop (induction cooktop)
la estufa electrica

toaster
la tostadora

frying pan
el sartén

sink
el fregadero

oven mitt
el guante de cocina

colander
el colador

kitchen utencils
los utensilios de cocina

dishwasher
el lavaplatos

Food & Dining Table | Alimento y Mesa de Comedor

utensils
los utensilios

spoon
la cuchara

fork
el tenedor

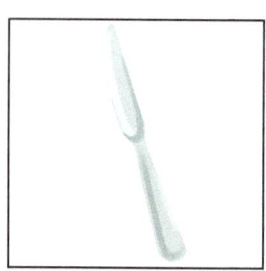

knife
el cuchillo

plate
el plato

dining table
la mesa de comedor

placemat
el mantel

napkin
la servilleta

soup
la sopa

salad
la ensalada

spaghetti
el espagueti

pizza
la pizza

roast chicken
el pollo asado

salmon steak
el filete de salmón

bread
el pan

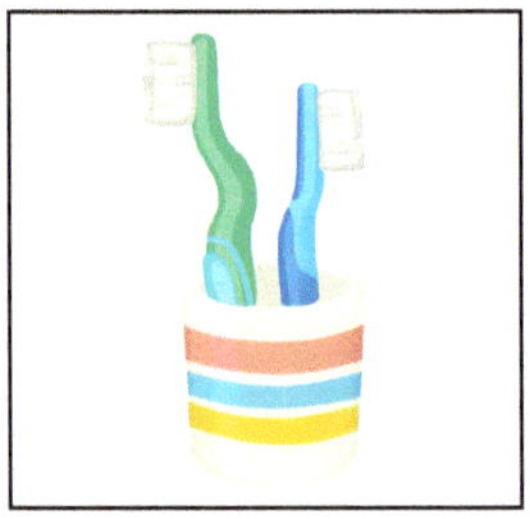

In the Bathroom | En el Baño

toothbrush
el cepillo de dientes

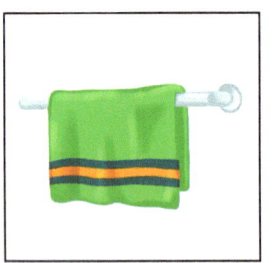

sink
el lavabo

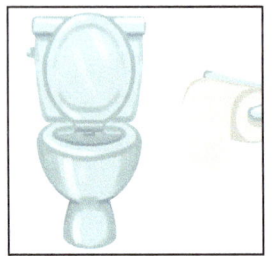

towel
la toalla

toilet
el baño

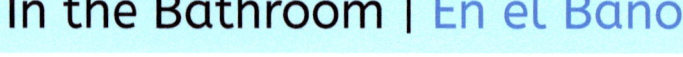

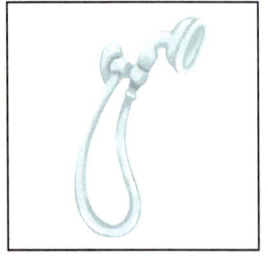

shower curtain
la cortina de
la ducha

shower
la ducha

bathtub
la bañera

mirror
el espejo

shampoo
el champú

soap
el jabón

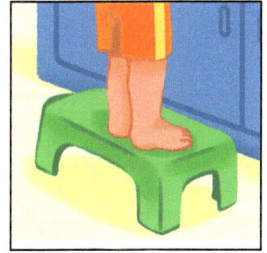
step stool
la banqueta

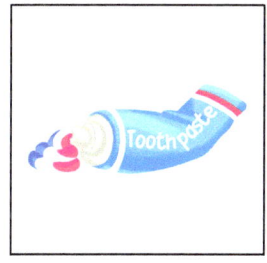
toothpaste
la pasta dental

30

In the Garden | En el Jardín

rake
el rastrillo

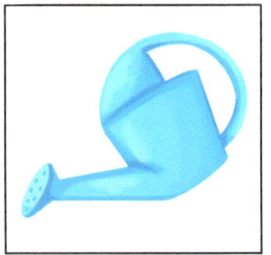
shovel
la pala

watering can
la regadera

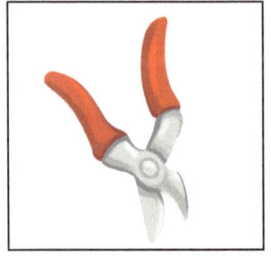
wheelbarrow
la carretilla

clippers
la podadera

hose
la manguera

plant pot
la maceta

flowers
las flores

greenhouse
el invernadero

fertilizer
el fertilizante

*Coniferous leaves
(evergreen leaves)
las hojas coníferas

pine tree
el árbol de pino

*Deciduous leaves
(colorful leaves)
las hojas caducas

maple tree
el árbol de arce

Useful Tools | Herramientas Útiles

step ladder
la escalera

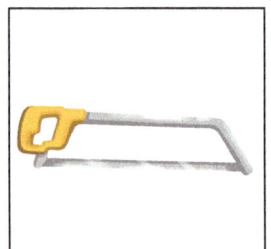
hand saw
la sierra de mano

hack saw
la sierra

pliers
el alicate

paint roller
el rodillo de pintura

paint bucket
el bote de pintura

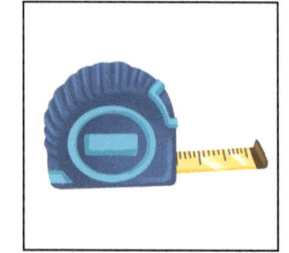
paint brush
el cepillo de pintura

measuring tape
la cinta métrica

toolbox
la caja de herramientas

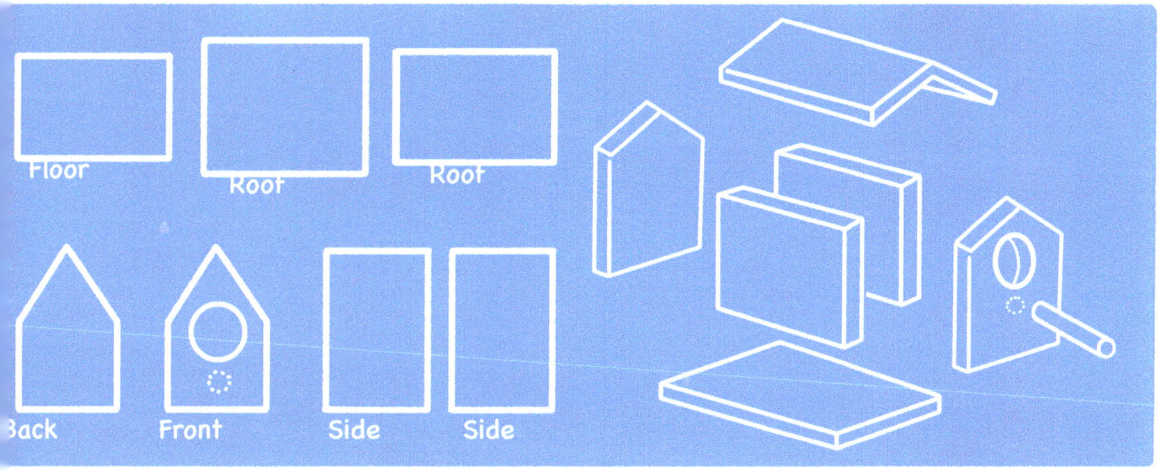

screwdriver
el destornillador

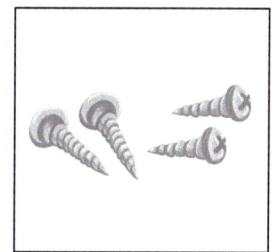
screws
los tornillos

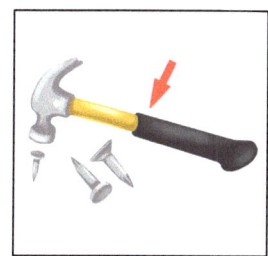
hammer
el martillo

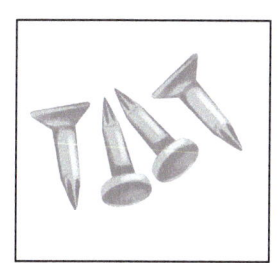
nails
los clavos

blueprint
el plano

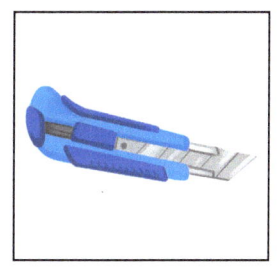
utility blade
la hoja de utilidad

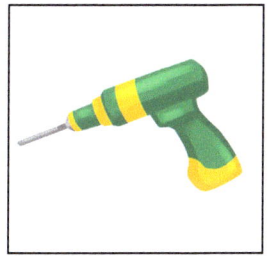
drill
el taladro

nuts & bolts
las tuercas y los pernos

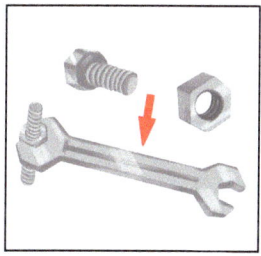
wrench
la llave inglesa

34

My Family's Chores | El Trabajo de Casa de Mi Familia

My grandmother is watering the plants with a watering can.
Mi abuela está regando las plantas con una regadera.

My father and I are washing the dishes.
Mi padre y yo estamos lavando los platos.

My father is taking out the trash and my brother is taking out the recycling items.
Mi padre está sacando la basura y mi hermano está sacando los artículos de reciclaje.

My two brothers are feeding our pets.
Mis dos hermanos están alimentando a nuestras mascotas.

My brother and I are washing my father's car.
Mi hermano y yo estamos lavando el coche de mi padre.

I am dusting the window.
Estoy desempolvando la ventana.

My grandfather is sweeping the yard.
Mi abuelo está barriendo la yarda.

My baby brother is cleaning up his toys.
Mi hermanito está recogiendo sus juguetes.

My mom and brother are doing laundry.
Mi mamá y mi hermano están lavando la ropa.

My mom and baby brother are vacuuming the carpet.
Mi mamá y mi hermanito están aspirando la alfombra.

At the Beach | En la Playa

I wear my swimsuit before swimming.
Me pongo mi traje de baño antes de nadar.

I put on sunscreen to protect my skin from the sun rays.
Me pongo protector solar para proteger mi piel de los rayos solares.

I wear a life jacket before any water activities.
Uso un chaleco salvavidas antes de cualquier actividad acuática.

I always play in a safe area for swimming with a lifeguard watching me.
Siempre juego en una área segura para nadar con un salvavidas mirándome.

I like building sand castles.
Me gusta construir castillos de arena.

I like flying a kite.
Me gusta volar el papalote.

I like boogie boarding.
Me gusta el boogie board.

I like playing with a beach ball.
Me gusta jugar con una pelota de playa.

I like paddleboarding.
Me gusta el paddleboard.

I like surfing.
Me gusta surfear.

I like exploring tidepools.
Me gusta explorar pozas de marea.

I like snorkeling.
Me gusta bucear.

I like looking for shells.
Me gusta buscar conchas.

I like jumping over the waves.
Me gusta saltar sobre las olas.

Camping in Summer! | ¡Camping de Verano!

Ranger Station/Ranger/Jr. Ranger.
Estación de guardabosques/Guardabosques/Guardabosques Jr.

Amphitheater.
Anfiteatro.

Campground Host.
Anfitrión del camping.

Types of Camp Accomodations/*Essential Camping Items.
Tipos de Alojamiento en Campamento/*Artículos Esenciales para Acampar.

Tent Site/*tent, pad, sleeping bag, pillow.
Campamento/*tienda, colchoneta, saco de dormir, almohada.

RV Site RV(Recreation Vehicle)/*outdoor rug.
RV Site RV (Vehículo de recreo)/*alfombra para exteriores.

Cabin.
la cabaña.

Yurt.
la yurta.

Camping Amenities/*Essential Camping Items.
Comodidades para Acampar/*Artículos esenciales para acampar.

Picnic table, Water faucet/*camping stove & gas, cooking kits, ice box, camping chair.
Mesa de picnic, Grifo de agua/*estufa y gas para acampar, kits de cocina, caja de hielo, silla para acampar.

Fire Ring/*axe, fire starter, lighter, wood, goggles, gloves.
Anillo de fuego/*hacha, iniciador de fuego, encendedor, madera, gafas, guantes.

Restroom/Shower, Dishwashing station.
Baño/Ducha, Estación para lavar platos.

Dumpster.
Contenedor de basura.

First Aid Box
Botiquín de Primeros Auxilios

Insect Repellent
Repelente de Insectos

Sunscreen
Bloqueador Solar

I can assemble a tent.
Yo puedo armar una carpa.

I like to watch clouds while in my hammock.
Me gusta mirar las nubes en mi hamaca.

I like to sing in tune with my dad's guitar playing.
Me gusta cantar en sintonía con la guitarra de mi papá.

Map/Mapa

Compass/Brújula

Binoculars/Binoculares

I like exploring nature/*flashlight.
Me gusta explorar la naturaleza/*linterna.

I like bird watching.
Me gusta observar aves.

My family enjoys hiking.
A mi familia le gusta ir de excursión.

Swimming Area
Zona de Nadar

Canoeing & Rowboating Area
Zona de Canoa y Bote de Remos

No Fishing Area
Zona de No Pescar

I like to ride in a canoe with my dad.
Me gusta andar en canoa con mi papá.

Making S'mores are my favorite thing when I go camping/*headlamp.
Hacer S'mores es lo que más me gusta cuando voy de campamento/*linterna frontal.

Graham Crackers
Galletas
Chocolate
Chocolate
Marshmallow
Bonbones

S'mores
S'mores

I like to observe stars through my telescope at night.
Me gusta observar estrellas a través de mi telescopio por la noche.

Fun Activities in Winter! | ¡Actividades Divertidas en Invierno!

I like to make a snow dog (animal).
Me gusta hacer un perro (un animal) de naive.

I like to ride a sled down a hill.
Me gusta montar en trineo hasta abajo de cerro.

I like to join a snow ball fight.
Me gusta unirme a una pelea de bolas de nieve.

I like to make a snow angel.
Me gusta hacer un ángel de nieve.

I like to build a snow fort.
Me gusta construir un fuerte de nieve.

I like to make footprints on the snow with my dog.
Me gusta hacer huellas en la nieve con mi perro.

I like to ski on the snow.
Me gusta esquiar en la nieve.

I like to color snow.
Me gusta colorear la nieve.

I like to play ice hockey.
Me gusta jugar al hockey sobre hielo.

I like to make my own special snowman.
Me gusta hacer mi propio muñeco de nieve especial.

Glossary | Glosario

A a

alarm clock   el despertador (m)
amphitheater   el anfiteatro (m)
angry   el enojado (m) la enojada (f)
ankle(s)   el tobillo (los tobillos) (m.pl)
arm(s)   el brazo (m)/ los brazos (m.pl)
assemble   armar
attic   el ático (m)
aunt   la tía (f)

B b

baby   el bebé (m)
bake   cocinar
baseball   béisbol
basketball   basquetbol
bathroom   el baño (m)
bathtub   la bañera (f)
beach ball   la pelota (f)
beanbag chair   el puf (m)
bed   la cama (f)
bedroom   el dormitorio (m)
bedside lamp   La lámpara de noche (f)
bedspread   la colcha (f)
belly button   el ombligo (m)
belt   el cinturón (m)
bicycle   la bicicleta (f)
binoculars   los binoculares (m.pl)
bird watching   observar aves
blender   la licuadora (f)
blouse   la blusa (f)
blowing   soplando
blueprint   el plano (m)
board games   los juegos de mesa (m.pl)
bolts   los pernos (m. pl)
boogie boarding   el boogie board (m)
book   los libros (m.pl)
bookshelf   el estante para libros (m)
boots   las botas (f.pl)
bored   aburrida (f) aburrido (m)
bowtie   la corbata de moño (f)
bracelet   la pulsera (f)
brave   valiente
bread   el pan (m)
brother   el hermano (m)
brush   el cepillo (m)
bubbles   las burbujas (f.pl)
building   construir

C c

Cabin   la cabaña (f)
calendar   el calendario (m)
Campground Host   Anfitrión del camping
Camping Amenities   Comodidades para Acampar
canoe   la canoa (f)
cardigan   la cárdigan (f)
carpet   la alfombra (f)
cheek(s)   la mejilla (f)
chest   el pecho (m)
chimney   la chimenea (f)
chin   la barbilla (f)
cleaning up   recogiendo sus
clippers   la podadera (f)
clouds   las nubes (f.pl)
coat   el saco (m)
colander   el colador (m)
coloring   colorear
compass   la brújula (f)
*Coniferous leaves (evergreen leaves)   las hojas coníferas (f.pl)
cookies   las galletas (f.pl)
cousin   la prima (f)/el primo (m)

D d

dancing   bailar
*Deciduous leaves (colorful leaves)   las hojas caducas (f.pl)
desk lamp   la lámpara de escritorio (f)
dining room   el comedor (m)
dining table   la mesa de comedor (f)
dishes   los platos (m.pl)
dishwasher   el lavaplatos (m)
dodgeball   dodgeball
dog   el perro (m)
dollhouse   la casa de muñecas (f)
drawer   el cajón (f)
drawing   dibujar
dress   el vestido (m)
dress up   disfrazarme
(get) dressed   me visto
drill   el taladro (m)
Dumpster   Contenedor de basura
dusting   desempolvando

E e

ear(s)   la oreja (las orejas) (f.pl)
earrings   los aretes (m.pl)
elbow(s)   el codo (los codos) (m.pl)
elephant picture   el cuadro de elefante (m)
embarrassed   avergonzado (m) avergonzada(f)
Essential Camping Items   Artículos Esenciales para Acampar
exploring   explorar
eye(s)   el ojo (los ojos) (m.pl)
eyebrow(s)   la ceja (las cejas) (f.pl)
eyelash(es)   la pestaña (las pestañas) (f.pl)

F f

face   la cara (f)
family   la familia
family room   el cuarto familiar (m)
father   el padre (m)
feeding   alimentando
fertilizer   el fertilizante (m)
fight   pelea
finger(s)   el dedo (m)
fingernail(s)   la uña (las uñas) (f.pl)
firing ring   Anillo de fuego
First aid box   Botiquín de primeros auxilios
floor   el suelo (m)
flowers   las flores (f.pl)
flying   volar
foot/feet   el pie (los pies) (m.pl)
footprints   las huellas (f.pl)
forehead   la frente (f)
fork   el tenedor (m)
frying pan   el sartén (m)

G g

garage   el garaje (m)
garden   el jardín (m)
glasses   los anteojos (m.pl)
gloves   los guantes (m.pl)
grandfather   el abuelo (m)
grandmother   la abuela (f)
green bush   el arbusto verde (m)
green grass   el pasto verde (m)
greenhouse   el invernadero (m)
guitar   la guitarra (f)

H h

hack saw   la sierra (f)
hair   el pelo (m)
hammer   el martillo (m)
hammock   la hamaca (f)
hand saw   la sierra de mano
hand(s)   la mano (f)
happy   feliz
hat   el sombrero (f)
head   la cabeza (f)
high-heels   los tacones altos (m.pl)
hiking   excursión
hill   cerro
hoodie   la sudadera con capucha (f)
hose   la manguera (f)

I i

ice hockey   hockey sobre hielo
ice skating   patinar sobre hielo
impatient   impaciente
insect repellent   el repelente de insectos (m)

J j

jacket   la chaqueta (f)
jealous   celosa (f) celoso (m)
jeans   los pantalones vaqueros (m)
Jr. ranger   Guardabosques Jr

K k

kettle   la tetera (f)
kitchen   la cocina (f)
kitchen utensils   los utensilios de cocina (m.pl)
kite   el papalote (m)
knee(s)   la rodilla (las rodillas) (f.pl)
knife   el cuchillo (m)

L l

laundry   lavando
leg(s)   la pierna (las piernas) (f.pl)
Lemonade   limonada
life jacket   el chaleco salvavidas (m)
living room   la sala de estar (f)
lonely   solitaria (f) solitario (m)
looking   buscar

M m

mouth   la boca (f)
mail box   el buzón (m)
map   el mapa (m)
maple tree   el árbol de arce (m)
master bedroom   la recamara principal (f)
measuring tape   la cinta métrica (f)
microwave oven   el microondas (m)
mirror   el espejo (m)
mittens   los mitones (m.pl)
morning   mañana
mother   la madre (f)

N n

nails   los clavos (m)
napkin   la servilleta (f)
nature   naturaleza
neck   el cuello (m)
necklace   el collar (m)
night   la noche (f)
nose   la nariz (f)
nuts   las tuercas (f.pl)

O o

observe   observar
oven   el horno (m)
oven mitts   el guante de cocina (m)

P p

paddleboarding   paddleboard
paint brush   el cepillo de pintura (m)
paint bucket   el bote de pintura (m)
paint rolling   el rodillo de pintura (m)
painting   pintar
pants   los pantalones (m.pl)
pets   las mascotas (f.pl)
Picnic table   la mesa de picnic (f)
picture frame   el marco (m)
pictures   las fotos (f.pl)
pillow   la almohada (f)
pine tree   el árbol de pino (m)
pizza   la pizza (f)
placemat   el mantel (m)
plant pot   la maceta (f)
plate   el plato (m)
play   jugar
play teepee   carpa de tipi para jugar
pliers   el alicate (m)
protect   proteger
proud   orgullosa (f) orgulloso (m)
puzzle   rompecabeza

R r

rainboots   las botas de lluvias (f.pl)
ranger   guardabosques
ranger station   estación de guardabosques
reading   leer
recycling   reciclaje
refrigerator   el refrigerador (m)
restroom   el baño (m)
riding   montar
ring   el anillo (m)
roast chicken   el pollo asado (m)
robots   los robots (m.pl)
rolling chair   la silla rodante (f)
roof   el techo (m)
rug   la alfombra (f)
RV Site   Sito de RV

S s

sad   triste
salad   la ensalada (f)
salmon steak   el filete de el salmón (m)
sandals   las sandalias (f.pl)
sandcastles   los castillos de arena (m.pl)
scared   asustado (m) asustada (f)
scarf   la bufanda (f)
science experiments   experimentos cientificos
scooter   el scooter (m)
screwdriver   el destornillador (m)
screws   los tornillos (m.pl)
shampoo   el champú (m)
shells   las conchas (f.pl)
shoes   los zapatos (m.pl)
shorts   los bermudas (m.pl)
shoulder(s)   el hombro (los hombros) (m.pl)
shovel   la pala (f)
shower   la ducha (f)
shower curtain   la cortina de la ducha (f)
shy   tímida (f) tímido (m)
siblings   las hermanas (f.pl) / los hermanos (m.pl)
sidewalk   la banqueta (f)
sing   cantar
sink   el fregadero (m)
sister   la hermana (f)
skateboarding   andar en patineta
ski   esquiar
skin   la piel (f)
skirt   la falda (f)
sled   el trineo (m)
s'mores   los s'mores (m.pl)
snorkeling   bucear
snow angel   el ángel de nieve (m)
snow dog   el perro de nieve (m)
snow fort   fuerte de nieve
snow   la nieve (f)
snowball   las bolas de nieve (f.pl)
snowman   el muñeco de nieve (m)
soap   el jabón (m)
soccer   futbol
socks   los calcetines (m.pl)
soup   la sopa (f)
spaghetti   el espagueti (m)
special   especial
spoon   la cuchara (f)
stars   las estrellas (f.pl)
step ladder   la escalera (f)
stuffed giraffe   jirafa de peluche
sunglasses   las gafas de sol (f.pl)
sunrays   los rayos solares (m..pl)
sunscreen   protector solar
surfing   surfear
sweater   el suéter (m)
sweeping   barriendo
swimming   nadar
swimsuit   el traje de baño (m)

T t

tablet   la tableta (f)
Taekwondo   Taekwondo
taking out   sacando
tea party   la fiesta del te (f)
teepee tent   la carpa teepi (f)
telescope   el telescopio (m)
tennis   tenis
tent   la carpa (f)
Tent Site   Campamento
thigh(s)   el muslo/ los muslos (m.pl)
tide pools   pozas de marea
tie   la corbata (f)
tights   las medias (f.pl)
tired   cansado (m) cansada (f)
toaster   la tostadora (f)
toe(s)   el dedo del pie (los dedos de los pies) (m.pl)
toenail(s)   la uña del pie (las uñas de los pies) (f.pl)
toilet   el baño (m)
toilet paper   el papel higiénico (m)
tongue   la lengua (f)
toolbox   la caja de herramientas (f)
tooth(teeth)   el diente (los dientes) (m.pl)
toothbrush   el cepillo de dientes (m)
toothpaste   la pasta dental (f)
towel   la toalla (f)
toy box   la caja de juguentes (f)
toy cars   los carros de juguete (m.pl)
toy kitchen   la cocina de juguete (f)
toys   los juguetes (m.pl)
train set   el juego de trenes (m)
trash   la basura (f)
T-shirt   la camiseta (f)
tune   sintonía
Types of Camp Accomodations   Tipos de Alojamiento en Campamento

U u

uncle   el tío (m)
utensils   los utensilios (m.pl)
utility blade   la hoja de utilidad (f)

V v

vacuuming   aspirando
vase   el jarrón (m)
vest   el chaleco (m)
volleyball   voleibol

W w

waist   la cintura (f)
wake   despertar
wall   la pared (f)
wall fence   la valla (f)
wash   lavo
washing   lavando
watch(n)   el reloj (m)
watch(v)   mirar
water activities   actividad acuática
water faucet   grifo de agua
water gun   la pistola de agua (f)
watering can   la regadera (f)
watering   regando
waves   las olas (f.pl)
wheelbarrow   la carretilla (f)
windows   la ventana (f)
worried   preocupada (f) preocupado (m)
wrench   la llave inglesa (f)
wrist   la muñeca (f)

Y y

yard   la yarda (f)
yurt   la yurta (f)

JH & KH's Magical Picture Word Book 2 Samples

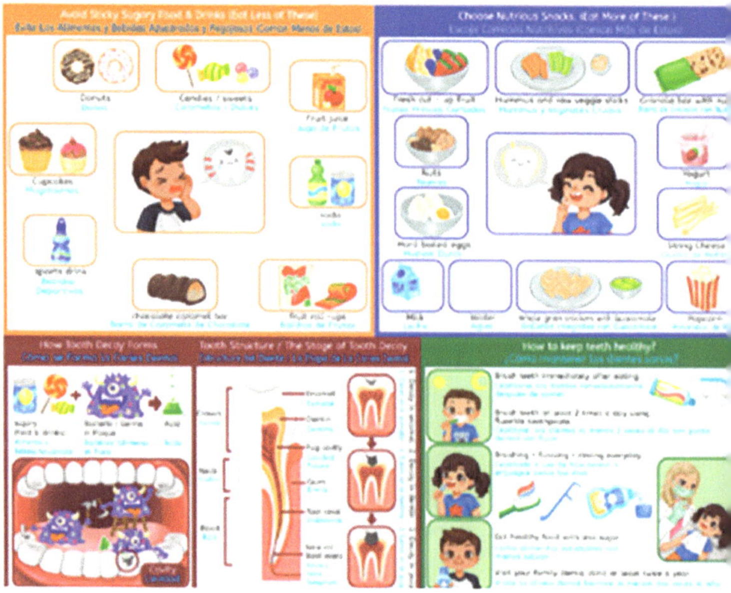

In JH & KH's Magical Picture Word Book 2, kids can learn over 1,500 words for the theme based in preschool curriculum for My Birthday Party, In the Classroom, My Manners at School, Playtime on the Playground, Occupations (jobs), The Days of the Week, 12 Months & Special Days, Seasons & Weather, Counting Numbers (1-100) & Basic Math, Ordinal Numbers, Shapes (2 Dimensional & 3 Dimensional), Alphabet (Aa-Nn), Alphabet (Oo-Zz), Delicious Fruits, Fresh Vegetables, Healthy Snacks & Healthy Teeth, The Magic of Colors, Antonyms (Opposites), Insects & Mini Beasts, My Cute Pets, On the Farm (Farm Animals), Wild Animals & Their Habitats, My Country USA (50 States), and Space Adventure.

THE LITTLE CAMPUS LLC
JH & KH's MAGICAL PICTURE WORD BOOK
www.thelittlecampusllcbooks.com

Praise for
JH & KH's Magical Picture Word Book

"*JH & KH's Magical Picture Word Book* Series is a perfect representation of Children's daily lives. If you're a parent or an educator looking for ways to help your child learn social skills, and expand their vocabulary, this book comes highly recommended. The bright colors and rich description words will attract young readers."

Y.M.
Director of Preschool,
Los Angeles, CA, USA

"*JH & KH's Magical Picture Word Book* Series is a great way to introduce essential English and Spanish words to children and beginning learners.

The audiobook version features words and phrases in English using rhythm and music.

Music and rhythm have a way of targeting your executive functioning in the brain and its emotional centers to actively improve learning and memory so learning a new lanuage in this way is highly effective. I would invite any child learning English as a second language to use this method. I would recommend this book and audiobook to any beginning English speaking learner."

Ashley Mills Monaghan
Award Winning Author and Music Teacher,
Los Angeles, CA, USA

"*JH & KH's Magical Picture Word Book 1* is great for young readers. It uses fun stories and colorful pictures to help kids learn new words and build their bilingual English and Spanish reading skills. The book makes learning feel like playing, while still being well-organized and easy to follow.Parents and teachers who want to help children grow their vocabulary and reading abilities will find this book very useful. Its fun and educational style makes it a great tool for teaching language to young learners."

B. Hunt-Korn
Youth Services Librarian,
Los Angeles, CA, USA

"As a behavior therapist working in special education, I really appreciate *JH & KH's Magical Picture Word Book* Series. It is visually engaging, easy to navigate, and supports fundamental language and communication skills in a way that is successful for a wide range of learners. The bilingual format is a great plus, and the themed vocabulary makes it great to tie into lessons and more. I'd definitely recommend it to families, classrooms, therapy, educators looking for a playful way to build language and communication skills."

Julissa Perez
Registered Behavioral Therapist,
Los Angeles, CA, USA